¡Animales bebés en la naturaleza!

Cachorros de conejo en la naturaleza

por Katie Chanez

Ideas para padres y maestros

Bullfrog Books permite a los niños practicar la lectura de textos informativos desde el nivel principiante. Las repeticiones, palabras conocidas y descripciones en las imágenes ayudan a los lectores principiantes.

Antes de leer
- Hablen acerca de las fotografías. ¿Qué representan para ellos?
- Consulten juntos el glosario de las fotografías. Lean las palabras y hablen de ellas.

Durante la lectura
- Hojeen el libro y observen las fotografías. Deje que el niño haga preguntas. Muestre las descripciones en las imágenes.
- Léale el libro al niño o deje que él o ella lo lea independientemente.

Después de leer
- Anime al niño para que piense más. Pregúntele: Los cachorros de conejo nacen en un nido. ¿Puedes nombrar otros animales bebés que nacen en nidos?

Bullfrog Books are published by Jump!
5357 Penn Avenue South
Minneapolis, MN 55419
www.jumplibrary.com

Library of Congress Cataloging-in-Publication Data

Names: Chanez, Katie, author.
Title: Cachorros de conejo en la naturaleza / por Katie Chanez.
Other titles: Rabbit kits in the wild. Spanish
Description: Minneapolis, MN: Jump!, Inc., [2024]
Series: ¡Animales bebés en la naturaleza!
Includes index.
Audience: Ages 5–8
Identifiers: LCCN 2022061258 (print)
LCCN 2022061259 (ebook)
ISBN 9798885248440 (hardcover)
ISBN 9798885248457 (paperback)
ISBN 9798885248464 (ebook)
Subjects: LCSH: Rabbits—Infancy—Juvenile literature.
Classification: LCC QL737.L32 C4318 2024 (print)
LCC QL737.L32 (ebook)
DDC 599.3213/92—dc23/eng/20230106

Editor: Eliza Leahy
Designer: Molly Ballanger
Translator: Annette Granat

Photo Credits: Elena Elisseeva/Shutterstock, cover, 22 (kit), 24; Brad Sauter/Dreamstime, 1; CLS Digital Arts/Shutterstock, 3 (rabbit); Alexander Sviridov/Shutterstock, 3 (kit); JustStockPhotos/Alamy, 4; Christopher R Mazza/iStock, 5, 23tl; Wayne Wolfersberger/Shutterstock, 6; Scott Camazine/Alamy, 6–7, 23bl; bradwieland/iStock, 8; tracielouise/iStock, 9, 12–13, 14, 22 (tail), 23tr, 23br; imageBROKER/Alamy, 10–11; Eric Isselee/Shutterstock, 15; Kirk Hewlett/Alamy, 16–17; Orchidpoet/iStock, 18–19; Susan Hodgson/Shutterstock, 20–21.

Printed in the United States of America at Corporate Graphics in North Mankato, Minnesota.

Tabla de contenido

Saltan y corren 4

Las partes de un cachorro de conejo 22

Glosario de fotografías 23

Índice 24

Para aprender más 24

Saltan y corren

¿Qué hay en este nido?

nido

cachorro

¡Ellos son conejos bebés!
Los llamamos cachorros.
Tienen los ojos cerrados.

Mamá hizo el nido con hierba y pelaje.

El nido está en la tierra.

Los cachorros están calientitos en él.

mamá

Los cachorros beben
la leche de mamá.

Ellos crecen rápido.

Se les abren los ojos.

Ellos salen del nido.

Su pelaje es esponjado.

pelaje

Ellos saltan.

Ellos juegan.

¡Se persiguen!

Un cachorro se detiene.
Él escucha algo.

oreja

¡Cuidado!

Es un zorro rojo.

¡El cachorro corre rápido!

Él se esconde debajo
de un arbusto.

Está a salvo.

El cachorro crece.

Vive solo.

¡Adiós, conejo!

Las partes de un cachorro de conejo

¿Cuáles son las partes de un cachorro de conejo?
¡Échales un vistazo!

oreja

pelaje

cola

nariz

pierna

pata

Glosario de fotografías

cachorros
Conejos bebés.

esponjado
Cubierto con pelo o pelaje finos y suaves.

nido
Un lugar construido por animales pequeños para vivir en él y cuidar a sus crías.

persiguen
Corren detrás de alguien o algo.

Índice

corre 17

crecen 8, 21

escucha 14

hierba 6

juegan 12

leche 8

nido 4, 6, 9

ojos 5, 8

pelaje 9

saltan 11

se esconde 18

zorro rojo 15

Para aprender más

FACT SURFER

Aprender más es tan fácil como contar de 1 a 3.

❶ Visita www.factsurfer.com

❷ Escribe "cachorrosdeconejo" en la caja de búsqueda.

❸ Elige tu libro para ver una lista de sitios web.